KB122978

돈의 주인

돈의

돈의 노예가 아니라 돈의 주인이 되어라

피니어스 테일러 바넘 지음 서유진 옮김

주인

돈의 주인

1쇄 발행 2024년 4월 15일

엮은이 피니어스 테일러 바넘
옮긴이 서유진
펴낸이 조일동
펴낸곳 드레북스

출판등록 제2023-000148호
주소 경기도 파주시 탄현면 헤이리마을길 93-144, 2층 1호
전화 031-944-0554
팩스 031-944-0552
이메일 drebooks@naver.com

인쇄 프린탑
배본 최강물류

ISBN 979-11-93946-03-9 03320

머리말

돈을 버는 것은 절대 어렵지 않다.
얼마든지 남들이 부러워할 만큼의 부를 누릴 수 있고,
아직 누구도 디디지 않은 땅이 있다.

문제는 당신이 그것을 찾지 못했을 뿐이며,
자신이 그 땅의 주인이라는 사실을 잊고 있었을 뿐이다.

돈의 노예가 아니라
돈의 주인이 되고 싶은가?

그렇다면
돈을 끌어당기는 방법을 찾고,
돈이 모이는 법칙을 연구하라.

그것은 결코 멀리 있지 않다.

CONTENTS

돈의 주인이 되어라

***

돈을 벌고 싶은가? 정말 돈의 주인이 되고 싶은가? 그렇다면 지금 굳게 마음을 먹고 적절한 수단을 찾아라. 장담하건대 그렇게 할 수 있다면 돈을 벌 수 있다. 돈을 버는 것은 전혀 어렵지 않다. 정말 어려운 것은 번 돈을 지키는 것이다. 이 말에 누구도 반문하지 않을 것이다.

미국의 정치가이자 사상가인 벤저민 프랭클린은 이렇게 말했다.

"버는 돈보다 적게 쓴다면 부자가 된다."

이 말이 당연한가? 하지만 우리가 늘 잊고 있는 말이다.

찰스 디킨스의 소설 《데이비드 코퍼필드》에서, 낙천적인 인물인 미코버는 이렇게 말했다.

"한 해에 20파운드를 버는 사람이 20파운드 6펜스를 쓰는 것은 세상에서 가장 불쌍한 인간이 되는 길이고, 1년에 똑같이 20파운드를 벌지만 19파운드 6펜스만 쓰는 사람은 세상에서 가장 행복한 사람이 되는 길이다."

이 글을 읽고 이렇게 반문할지 모른다.

"그거야 다들 아는 사실 아닙니까? 절약해야 부자가 되는 건 당연하죠. 케이크를 다 먹어버리면 남는 게 없으니까요."

그렇게 생각하는가? 바로 거기에 땀 흘려 돈을 모아도 늘 돈이 부족하고 가난에 허덕이는 이유가 있다. 무엇보다 '나는 열심히 절약하고 있다'라고 착각하는 이들이 많다.

사람들은 절약의 의미를 잘 알고 있다고 짐작하지만 실제로는 그렇지 않다. 그들은 진정한 절약이란 무엇인지 제대로 이해하지 못한 채 살아가고 있다. 더러는 이렇게 말한다.

"저는 남부럽지 않게 돈을 벌고, 제 이웃도 저와 수입이 비슷합니다. 그런데 옆집 사람의 재산은 매년 불어나는데 제 재산은 점점 더 줄어들기만 합니다. 어떻게 된 일일까요? 저도 그처럼 절약하며 사는데요."

이렇게 묻는 사람은 스스로 절약의 의미를 잘 알고 있다고 생각하겠지만 사실은 그렇지 않다. 그는 남은 치즈 부스러기를 버리지 않고, 양초 토막을 아껴 쓰고, 세탁소 주인과 다투며 세탁비를 2펜스 깎는 등 자질구레하고 쩨쩨하고 지저분한 일을 하는 것이 절약이라고 생각한다. 그러나 절약은 이런 인색함을 이르는 말이 아니다.

불행히도 이런 사람일수록 절약은 반쪽짜리에 머무는 경우가 많은데, 이것 역시 문제다. 그는 2펜스짜리 물건을 0.5펜스 깎아 사서 돈을 아꼈다고 으쓱해지고, 다른 곳에 쓸 여유가 생겼다면서 이것이 절약이라고 착각한다.

등유가 일반화되지 않지 않았던 시절을 떠올려보라. 당신은 어느 농가에서 하룻밤 신세를 지며 맛있는 저녁을 대접받는다. 하지만 식사 후에 촛불 한 개만 켜져 있는 거실에서 책을 읽을 수 없다. 주인은 그런 당신에게 이렇게 말할 것이다.

"이 동네에서 저녁에 책을 읽는다는 건 힘든 일입니다. 한 번에 두 개의 초를 켜려면 적어도 배 한 척은 있어야 한다는 말을 아시죠? 저희는 특별한 일이 아니면 여분의 초를 더 켜지 않습니다."

그들에게 그런 특별한 경우는 일 년에 한두 번 있을까 말까

할 것이다. 주인의 말대로 초를 절약하면 1년에 적지 않은 돈을 아낄 수 있을 것이다. 하지만 초를 하나 더 켜고 책을 읽음으로써 얻는 정보는 양초 한 트럭보다 훨씬 귀하다.

문제는 여기서 끝나지 않는다. 주인은 양초를 아껴 잘살고 있다고 생각해, 읍내로 나가 20~30달러나 주고 필요하지도 않은 물건을 사들인다.

이와 같은 실수를 반복하는 사업가가 적지 않다. 주인이 아껴 쓰는 초는 사무 용지로 대체된다. 자신을 함부로 낭비하지 않는 사업가라고 으쓱하며 그는 헌 봉투와 종잇조각을 모아둔 채 절대 새 종이를 쓰지 않을 것이다. 그렇게 해서 1년 동안 쓸 종잇값을 아낄 수 있으니 그런 자신이 뿌듯할 것이다.

하지만 종이 몇 장을 아끼는 것으로 큰일이라도 해낸 듯 들뜨는 사이에 시간을 낭비하고, 충분히 아꼈으니 그 돈으로 호화로운 파티를 열고 화려한 마차를 몰아도 된다고 착각한다.

벤저민 프랭클린은 이를 "아무리 마개를 틀어막아도 병목 입구로 흘려보내는 것", "푼돈에는 현명하지만 큰돈에는 어리석은 꼴"이라고 비꼬았다. 이렇게 '하나에만 집착'하는 이들은 가족의 저녁 식사를 위해 값싼 청어를 한 마리 사 들고 마차를 빌려 집으로 가는 것이나 마찬가지다. 나는 이런 식의 절약으로 성공한 사람을 단 한 명도 본 적 없다.

진정한 절약이란 얼마를 벌든 버는 돈보다 적게 쓰는 것이다. 어쩔 수 없는 상황이라면 옷이 헐었다고 해도 좀 더 입고, 되도록 새 장갑은 사지 말고, 철 지난 드레스는 수선해서 입어라. 밥상도 소박하게 차려라. 그러면 예기치 못한 사고가 생기지 않는 한 매달 지출이 수입을 넘지 않을 것이다.

아무리 하찮은 액수라도 그 돈에 이자가 붙고 계속 쌓이면 원하는 결과를 얻을 수 있다. 물론 이런 습관이 몸에 익으려면 어느 정도 훈련이 필요하다. 하지만 이런 습관이 익숙해지면, 무분별한 소비보다 합리적인 절약에 더 큰 만족감을 느낄 것이다.

잘못된 절약 습관을 고치는 한 가지 방법을 소개하겠다. 나는 이 방법이 사치벽, 특히 잘못된 절약 습관을 고치는 데 탁월하다는 사실을 알아냈다.

수입은 많은데 연말이 되면 남는 돈이 한 푼도 없는가? 그렇다면 이렇게 해보라. 종이 몇 장에 모든 지출 항목을 적어

책으로 만든다. 이 책의 왼쪽에는 '필수품' 또는 '편의용품'이라고 적고 오른쪽에는 '사치품'이라고 적는다. 그러면 사치품에 들어가는 돈이 필수품이나 편의용품보다 두 배에서 세 배, 많게는 열 배 이상 된다는 사실을 알게 될 것이다.

삶이 주는 진정한 안락함은 버는 돈의 극히 일부분만으로 충분히 해결할 수 있다. 벤저민 프랭클린은 이렇게 말했다.

"나를 망치는 것은 나 자신의 눈이 아니라 남들의 눈이다. 만약 이 세상에 나를 제외한 모두가 장님이라면, 무엇 때문에 좋은 옷이나 가구에 신경을 쓰겠는가."

남들이 나를 어떻게 볼까 불안하고 두려워서 헛된 고통에 시달리는 사람을 둘러보라.

흔히 "인간은 모두 자유롭고 평등하다"라고 외치지만, 이는 큰 착각이다. 모두가 '자유롭고 평등하게' 태어난 것은 당연하지만, 누구나 똑같이 부자로 태어난 것은 아니며 누구나 똑같은 부를 소유할 수도 없다.

이 말에 토를 달지도 모른다.

"내가 아는 한 사람은 1년에 5만 달러를 버는 데 비해 저는 고작 1천 달러밖에 벌지 못해요. 처음에 만났을 때는 그도 저처럼 가난했지요. 그런데 그는 부자가 되더니 으쓱해졌고, 그런 그를 보니 괜한 경쟁심이 생기더군요. 그보다 덜 벌어도 그에게 꿀리고 싶지 않아 마차 한 대를 사야겠다 싶어요. 당장 그럴 돈은 없지만, 빌려서라도 내가 그보다 꿀릴 게 없다는 걸 보여줘야 하니까요."

미안하지만 그렇게까지 수고할 필요는 없다. 당신이 그 사람만큼 능력 있다는 것을 보여주기는 아주 쉽고, 그가 하는 대로 따라 하기만 하면 된다. 하지만 그런다고 사람들이 당신을 그 사람만큼 부자라고 믿어주지는 않을 것이다. 게다가 체면을 차리느라 시간과 돈을 낭비하는 동안 당신의 가족은 집에서 찬 손을 녹여야 하고, 필수품을 살 때마다 수없이 망설이며 당신의 겉치레를 위해 희생하고 있다. 하지만 겉치레는 결코 오래가지 못한다.

"우리 옆집에 사는 존슨 부인이 결혼한 건 다 남편의 돈 때문이래요."

스미스 부인은 옆집 부인을 이렇게 험담한다. 그러면서도 존슨 부인이 아름다운 낙타 털로 만든 1천 달러짜리 숄을 두

르고 있는 것을 보고는 자기 남편을 졸라 모조 숄이라도 사달라고 닦달한다. 그러고는 모조 숄을 걸치고 예배당에 가서 존슨 부인의 옆자리에 앉는다. 자신이 그녀와 똑같이 잘산다는 것을 보여주고 싶은 것이다.

그렇게 허영심과 질투에 눈이 멀면 결코 남들처럼 될 수 없고, 남들보다 앞서 나갈 수 없다.

대중이 선도해야 한다고 믿으면서도 우리는 유행에 관한 그 원칙을 무시하곤 한다. 스스로 귀족이라고 칭하는 극소수의 몇몇이 세운, 이상적이라는 잘못된 정의에 자신을 몰아세운다. 그 기준에 자기를 맞추려 애쓰다가 오히려 더 가난에서 벗어나지 못한다. 허울 좋은 겉모습에 취해 가진 재산마저 탕진하고 만다. 반면에 자기 수입에 따라 지출을 조절하고, 비가 올지도 모르는 날을 위해 미리 우산을 준비하는 사람은 얼마나 현명한가.

다른 일과 마찬가지로 돈 버는 일에도 현명해야 하고 분별력이 있어야 한다. 유사한 원인은 유사한 결과를 낳는 법이다. 가난으로 이어지는 길을 택하면서 어떻게 돈이 모이길 바라는가. 현재 삶에서 예상하지 못한 경제적인 어려움을 생각하지 않고 버는 족족 쓰기 바쁜 사람은 결코 부자가 될 수 없다. 이것은 누구에게 물을 필요도 없는 당연한 상식이지만, 누군가에게는 너무나 벅찬 일이다.

물론 충동적이고 즉흥적인 욕구를 채우는 데 익숙한 사람이라면 필요 없는 비용을 줄이기가 몹시 어려울 것이다. 값싼 가구를 쓰고, 친구들과의 약속을 줄이고, 싼 옷을 입고, 하인의 수를 줄이고, 파티나 극장 관람을 되도록 줄이고, 여행 횟수를 줄이고, 담배나 술을 줄이는 등 여러 가지 사치스러운 생활을 자제하는 것뿐만 아니라 작은 집에서 산다는 것은 엄청난 자제력이 필요할 것이다.

하지만 '둥지의 작은 알', 즉 소액의 종잣돈으로 이자를 붙이거나 부동산에 현명하게 투자하는 계획을 세운다면, 처음에는 보잘것없는 재산이라도 꾸준히 불어나는 즐거움에 매우 놀랄 것이고 이런 과정에서 절약 습관이 몸에 익을 것이다.

정장이나 모자, 드레스가 유행에 뒤떨어지고 낡았다고 하지만 다음해에는 그것이 유행될 테고 낡았다고 하기에는 충분히 입을 만하다. 샘물이 샴페인보다 맛있으며, 찬물에 목욕하고 가볍게 산책하는 것이 화려한 마차를 타고 달리는 것보다 더 짜릿하다는 사실을 깨달을 것이다.

동네 사람들과 대화를 나누거나 가족들과 저녁 낭독회를 열고, 혹은 집 안에서 한 시간 동안 보물찾기 놀이를 하는 것은 큰돈을 들여서 하는 화려한 파티보다 훨씬 더 즐거울 수 있다. 절약의 즐거움을 알게 된다면 언제나 비용의 차이를 고려할 것이고, 그럴수록 절약의 즐거움을 만끽할 것이다.

가난한 집에서 태어나 평생을 가난하게 사는 사람도 많지만, 한평생 편안하게 살 수 있을 만큼 충분한 돈을 벌어놓고도 한순간 가난에 허덕이는 이들이 더 많다. 이유는 간단하다. 생활비를 너무 과도하게 책정하기 때문이다. 그들은 1년에 2만 달러 이상을 쓰면서 생계비를 어떻게 줄여야 할지를 모르고, 버는 돈보다 더 많이 쓰며, 그보다 적은 금액으로는 도저히 살 수 없다고 불평한다. 반면에 1년에 1천 달러만으로도 누구보다 알차고 즐겁게 사는 가정도 있다.

번영은 역경보다 더 혹독한 시련이다. 갑작스럽게 얻은 번영은 특히 더 그렇다. "쉽게 온 것은 쉽게 나간다"라는 말을 들어본 적 있을 것이다. 교만과 허영은 잠시라도 허용되는 순간 큰돈뿐만 아니라 자신의 생명마저 갉아먹는 해충이나 다름없다.

흔히 소득이 늘기 시작하면 돈 쓸 궁리부터 해 사치품을 사들인다. 그러다 얼마 지나지 않아 지출이 수입을 집어삼킨다. 외모를 유지하고 돈맛을 보려는 어리석은 욕심은 결국 파멸에 이르고 만다.

내가 아는 한 사람은 처음으로 큰돈을 벌었을 때, 아내에게 고급 소파를 사주었다.

"소파를 사는 데 3만 달러나 들었다니까요!"

그가 이야기를 시작했다.

"그러나 소파가 집에 도착하고 보니 그에 어울리는 의자가 아쉽더군요. 의자를 들여놓자 그에 맞는 장식장과 카펫, 테이블이 필요해졌어요. 그렇게 집 안에 있는 가구를 모두 바꾸자 이번에는 집이 너무 작고 구식인 것처럼 느껴졌어요. 그래서 새로 산 가구에 어울리는 새집을 지었죠. 소파 한 개 3만 달러만이라고 생각한 것이 '근사한 집'을 유지하기 위해 하인을 들이고 장식품을 새로 하기 위해 매년 많은 돈을 쏟아붓고 있습니다. 사실 그것도 부족한 상황이죠. 10년 전에는 지금보다 훨씬 적은 돈으로도 훨씬 더 편안하게 걱정 없이 살았는데⋯⋯."

이어서 그는 이렇게 말했다.

"그 소파 한 개가 나를 피할 수 없는 덫으로 몰아넣었는지
도 모릅니다. 갑작스러운 부유함에 들뜨지 않았더라면, 그리
고 더 좋은 걸 사고 싶은 욕구를 미리 막지 않았다면 좋았을
텐데⋯⋯."

"한 푼 아끼는 것은 한 푼 번 것이나 마찬가지다."

벤저민 프랭클린

건강보다 값진 것은
없다

***

성공하기 위한 기초 단계는 건강이다. 건강이야말로 행운과 행복의 근원이다. 몸이 아픈 사람은 돈을 모을 수 없다. 몸이 아프면 돈을 모을 의욕이 없고 힘도 없다. 물론 아프고 싶어서 아픈 사람은 없을 테지만, 충분히 건강할 수 있음에도 건강을 유지하지 않는 사람이 훨씬 많다.

건강이 인생의 성공과 행복의 토대라면, 건강의 법칙을 알고 이를 실천하는 것이야말로 더없이 중요한 일이다. 여기서 건강의 법칙이란 곧 자연의 법칙을 의미한다. 자연의 법칙에 가까울수록 건강과 더 가까워진다.

그런데도 자연의 법칙을 무시한 채 건강에 유의하지 않고 살아가는 사람이 너무나 많다. 자연의 법칙을 위반하는 것은 '무지의 죄'라고 할 수 있다. 이 죄는 결코 눈감아주는 법이 없으며 위반하면 형벌이 뒤따른다.

어린아이가 손가락이 데이는 줄도 모르고 불에 손가락을 가져다 대는 것처럼 똑똑한 사람도 같은 실수를 저지른다. 몰라서 그랬다고 변명한들 이에 따른 고통은 멈추지 않고 후회한들 시간을 되돌릴 수도 없다.

우리 조상들은 환기의 원리를 잘 알지 못했다. 그들은 공기 순환에 대한 지식이 그다지 없어서 침실의 크기를 가로 2미터에서 세로 3미터 정도로 작게 만들었다. 경건한 청교도들은 이 작은 방에 몸을 가둔 채 기도를 하고 잠자리에 들었다. 아침이 되면 이보다 감사할 일이 없다고 느끼면서 밤새 '생명을 보존해주신 것'에 감사 기도를 올렸다. 아마도 창문이나 문에 큰 균열이 생긴 덕분에 그나마 들어온 신선한 공기가 그들을 버티게 해주었을 것이다.

이처럼 몰라서 자연의 법칙을 위반하기도 하지만, 알면서도 유행을 좇기 위해 자기의 바람직한 욕구까지 억누른 채 자연의 법칙을 의도적으로 어기는 경우가 많다.

대표적인 예가 흡연이다. 징그러운 벌레가 아닌 이상 담배를 좋아하는 생물은 없다. 그런데도 담배에 대한 자연스러운 거부 반응을 거슬러 인위적으로 담배에 중독되는 사람이 얼마나 많은지 당신도 잘 알 것이다. 카펫과 바닥뿐만 아니라 심한 경우 아내와 자녀 앞에서까지 담배 연기를 내뿜는 사람들이 있다. 그들은 술에 취해 아내와 자녀를 집 밖으로 내쫓지는 않지만, 아내와 자녀는 담배 피우는 남편과 아버지가 집 밖에서 들어오지 않기를 바랄 것이다.

인위적인 욕망은 질투처럼 '먹이'를 먹으며 자란다. 해로운 것을 가까이하면 결국 해롭지 않은 것에 대한 본능적인 욕망보다 해로운 것에 대한 갈망을 더욱 키운다. '습관은 제2의 천성'이라는 말이 알려주듯 인위적인 습관은 타고난 천성보다 강하다. 오랫동안 담배를 피워온 이들을 보라. 담배를 향한 그들의 집착은 특정 음식에 대한 사랑보다 더욱 강하다. 그는 담배를 끊는 것보다 먹음직스럽고 몸에 좋은 음식을 더 쉽게 끊을 것이다.

빨리 어른이 되고 싶은 청소년들은 어른들의 습관 하나하나를 그대로 따라 하려 한다. 그들은 서둘러 어른이 되고 싶어 어른들의 나쁜 습관을 모방한다. 어린 토미와 조니는 삼촌이 담배를 피우는 모습을 보고 이렇게 이야기한다.

"빨리 어른이 될 수만 있으면 담배를 피우고 싶어. 담배 피우는 모습이 멋있어 보이잖아. 마침 존 삼촌이 담배를 두고 나갔으니까 얼른 피워보자."

조니는 삼촌이 하던 대로 성냥을 들어 불을 붙이고 한 모금을 빨아들인다.

"이러다 보면 우리도 어른이 되겠지? 조니, 괜찮아?"

토미가 묻자 조니는 시무룩하게 대답한다.

"별로. 너무 써."

그러나 두 소년은 얼굴이 하얗게 질려가면서도 중독의 제단에 자신을 바친다. 소년들은 계속해서 그것을 억지로 버티고 참아내는 과정에 마침내 본능적인 욕구를 억누르고 인위적으로 습득한 욕구의 노예가 된다.

나는 10년 넘게 담배를 피우지 않고 앞으로도 피울 일은 없을 것이다. 그러나 지난날 하루에 10~15개비씩 피우면서 흡연의 해로움을 경험했기 때문에 단호하게 말할 수 있다. 담배는 피우면 피울수록 늘고, 마지막으로 피운 담배는 다음 담배를 피우고자 하는 욕구를 자극한다. 그렇게 끊임없이 흡연을 갈망할 것이다.

담배 애호가들을 보라. 아침에 일어나 담배를 찾고 잠자리에 들 때까지 온종일 담배를 입에 물고 있다. 마침 담배를 다 피워 새 담배를 사러 가거나 식사할 때를 제외하고는 절대 담배 곁에서 멀어지지 않는다. 술을 마실 때 잠시 담배를 피우지 않기는 하지만, 이것은 술이 담배를 멀리하게 해서가 아니라 술에 대한 욕구가 담배 중독보다 더 강하기 때문이다.

담배를 좋아하는 친구를 당신의 시골 포도밭에 초대했다고 가정해보자. 시골의 아름다운 풍경을 보여주고 신선한 포도를 내밀며 당신이 말한다.

"이 포도를 먹어봐. 이 땅의 모든 영양분을 한데 모아 자란 거야. 세상에 이처럼 잘 익은 과일보다 맛있는 건 없고, 많이 있으니 마음껏 먹어."

그러나 친구는 담배 연기를 내뿜으며 이렇게 말할 것이다.

"고맙지만 됐어. 지금 담배를 피우는 중이라서."

그의 미각은 이미 해로운 잡초에 의해 중독되어 과일의 섬세하고 달콤한 맛을 잊은 지 오래다.

이것은 얼마나 비싸고 쓸모없고 해로운 습관에 빠졌는지를 보여주는 예다. 내 경험에 빗대어 말한다면, 나는 사시나무

떨리듯 몸에 경련이 일어나고 피가 머리끝으로 솟구치고 심장병인가 싶을 만큼 가슴이 두근거려 겁에 질릴 때까지 담배를 피웠다. 의사는 담배를 끊어야 한다고 단호하게 말했다. 당시 나는 건강을 해치는 데 막대한 비용을 허비했을 뿐 아니라 흡연의 해로움을 알려주는 가장 확실한 본보기였다. 그때야 나는 의사의 말에 순종했다.

담배를 피워대는 자신의 모습이 멋있다고 생각하는가? 전혀 그렇지 않다!

담배보다 열 배 더 해로운 것은 술이다. 돈을 벌고 싶은가? 돈의 주인이 되고 싶은가? 그렇다면 먼저 건강해야 하고, 정신이 맑아야 한다. 2 더하기 2가 4라는 것쯤은 당연히 알고 있어야 한다. 더구나 부자가 되기 위해 모든 계획을 신중하게 판단하며 그 계획의 세부 사항과 사정을 면밀하게 따져야 하는 상황이라면 더더욱 정신이 맑아야 한다. 계획을 세울 수 있는 두뇌와 그 계획을 실행할 이성이 없으면 돈을 모을 수 없고 성공할 수도 없다. 제아무리 총명함을 타고났다고 해도 술에 취해 정신이 혼탁하고 판단력이 흐려지면 남의 속임수에 빠져들기 쉽고, 결코 앞으로 나아갈 수 없다.

친구와 '우정의 한 잔'을 기울이는 동안 얼마나 많고 좋은 기회가 지나갔는가! 더구나 지나간 것은 결코 다시는 돌아오지 않는다!

일시적으로 자신이 부자라고 착각하게 하는 '신경안정제' 때문에 어리석은 거래를 얼마나 많이 했는가! 술은 사람을 무기력한 상태로 내몰아 사업에서 성공하는 데 필수적인 힘을 무력화시킨다. 그 때문에 당장 더없이 중요한 기회가 왔음에도 내일로 미루고, 내일이 오면 이미 떠나간 전날의 기회 때문에 수없이 자책할 것이다.

술은 '방해꾼'이다. 술을 음료처럼 마시는 것은 마약에 중독되는 것만큼 미친 짓이며, 성공에 치명적이다. 세상의 모든 철학, 종교 또는 합리적인 상식에 비춰 보더라도 술은 절대적인 악이며, 세상에 존재하는 거의 모든 악의 근원이다.

"건강은 인생의 가장 큰 선물이다."

토머스 제퍼슨

남이 아니라 내가 잘하는 것

***

인생의 출발점에 서 있는 당신이 가장 확실하고 안전하게 성공하는 길은 자신의 적성에 맞는 일을 하는 것이다. 그러나 어른들, 특히 부모들은 이 사실을 간과하기 일쑤다.

아버지가 이렇게 말하는 것은 흔한 일이다.

"저는 아들이 다섯 명입니다. 첫째 빌리는 목사로 키우고, 둘째 존은 변호사, 셋째 톰은 의사, 넷째 딕은 농부로 키우려 합니다."

그러고는 시내에 가서 이것저것 둘러보다가 막내아들 새미에게 적합한 직업을 살펴보고는 집에 돌아와 이렇게 말한다.

"새미야, 시계수리업이 돈도 많이 벌고 평판도 좋다고 하더구나. 그 일을 해봐라."

이 아버지는 새미의 타고난 성향이나 소질은 고려조차 하지 않고 결정해버린다.

의심할 여지 없이 우리는 모두 저마다 할 일을 품고 태어난다. 얼굴 생김이 모두 다르듯 뇌 구조도 저마다 다르게 타고난다. 어떤 사람은 기계 제작에 타고난 재능이 있는가 하면, 어떤 사람은 기계라면 질색하곤 한다.

열 살짜리 아이를 여러 명 모아놓고 보면, 이들 가운데 두세 명은 자물쇠나 복잡한 기계를 잘 다루거나 기발한 장치를 척척 만들곤 한다. 이 아이들은 아주 어릴 때부터 퍼즐 맞추기를 즐겼고, 그보다 좋은 장난감은 없었을 것이다.

타고난 기계공인 그 아이들과 달리 나머지는 적성이 다르다. 나 역시 나머지 아이들에 속하는데, 퍼즐에 관심은커녕 복잡한 기계만 보면 머리가 지끈거렸다. 음료수가 새지 않도록 마개를 고칠 만큼 독창적인 재능도 없었다.

그뿐이라면 다행이다. 어렸을 때 글쓰기 연습을 하면서도 더 좋은 연필을 만들 생각은 전혀 하지 않았고, 기차를 타고 다니면서도 증기기관의 원리를 이해하지 못했다. 그런데 누군가 이런 나를 데려다가 시계공을 만든다면? 억지로 배운다면 5년에서 7년 정도 수습 과정을 지나 시계를 분해하고 조립할 수는 있을 것이다. 그러나 평생 그 일을 힘들어한다면 늘 온갖 핑계를 대며 그만둘 궁리만 한 채 시간만 허비할 것이다. 시계공은 여전히 나의 적성이 아니기 때문이다.

타고난 적성과 자신만의 소질에 어울리는 일을 찾지 않는 한 성공할 가능성은 없다. 사람들 대다수가 자신에게 맞는 일을 찾았으리라 믿는다. 그럼에도 나는 대장장이부터 목사에 이르기까지 자신의 적성을 잘못 선택한 이들을 많이 보았다. 안타깝게도 학생들에게 역사를 가르쳐야 할 사람이 대장장이로 일하거나, 모루나 숫돌을 다루는 데 더 적합한 사람이 변호사나 목사로 일하는 경우는 의외로 많다.

"일에서 행복하려면 세 가지가 필요하다.
그 일이 적성에 맞아야 하고, 너무 많이 해서는 안 되며,
그 일에서 성취감을 얻을 수 있어야 한다."

존 러스킨

나에게 맞는
자리인가

***

　적성과 소질에 맞는 일을 골랐다면, 이제는 그에 맞는 적절한 위치를 신중하게 선택해야 한다. '호텔 운영의 천재'라는 말을 듣는 당신이라면, 모든 투숙객에게 만족스러운 서비스를 제공할 것이다. 그러나 기차가 다니지 않고 대중교통 수단마저 없는 작은 마을에 호텔을 짓는다면 당연히 망할 것이다. 아울러 같은 직종의 사람들로 가득 찬 곳에서 뒤늦게 그들과 같은 일을 시작하는 것도 주의해야 한다.

　이와 비슷한 사례가 기억에 남는다. 1858년, 런던에 살고 있을 때였다. 나는 영국인 친구와 런던 홀본 거리를 지나가다가 '페니 쇼'를 보게 되었다. 밖에 놓인 그림판에는 호기심을 자극하는 진기한 물건을 단돈 1페니에 구경할 수 있다는 안내 문구가 적혀 있었다. 쇼 비즈니스에 관심이 있었던 나는 친구에게 들어가 보자고 청했다.

안으로 들어가니 쇼맨이 구경꾼들 앞에 나섰다. 그는 업계에서 내가 만난 사람들 중에 가장 예리한 사람이었다.

그는 자기가 데리고 있던 수염 난 여자, 선천성 백색증인 알비노, 스페인어로 갑옷을 걸친 작은 동물이란 뜻의 아르마딜로에 관한 신기한 이야기를 들려주었다. 믿기 힘든 이야기였지만, 의심하는 것보다 믿는 편이 낫다고 생각할 만큼 그는 언변이 뛰어났다.

그리고 어느 순간 그는 밀랍 인형 이야기로 구경꾼들의 주의를 끌기 시작했다. 밀랍 인형들은 먼지가 수북이 쌓여 더럽고 불결해 보였다. 내가 물었다.

"이 인형들은 왜 보여주는 거죠?"

그가 대답했다.

"그렇게 부정적으로 말씀하지 않으시길 부탁드립니다. 이건 밀랍 인형 박물관에서 흔히 보는, 사진이나 조각상을 본떠 금박이나 반짝이, 모조 다이아몬드로 덮은 것이 아닙니다. 이 밀랍 인형들은 진짜 실물을 본뜬 것이지요. 여러분이 이 인형들 중 하나를 볼 때마다 살아 있는 사람을 바라보고 있다고 생각하면 됩니다."

나는 밀랍 인형들을 살펴보다가 우연히 한 인형에 '헨리 8세'라고 적혀 있는 형상을 발견했다. 그것은 해골바가지 마냥 말라 비뜰어져 있었다. 나는 호기심이 발동해서 물었다.

"저게 헨리 8세라고요?"

그러자 그가 대답했다.

"물론입니다. 당시 헨리 8세의 특명에 따라 햄튼 코트에서 실물을 본떠 만든 것이지요."

만약 내가 물고 늘어졌다면 그는 온종일이라도 설명할 태세였다. 내가 다시 물었다.

"헨리 8세가 뚱보에 늙은 왕이었다는 건 누구나 다 아는 사실인데 왜 이렇게 삐쩍 마른 거죠?"

그가 대답했다.

"그처럼 오래 앉아 있었다면 여러분도 야위고 수척해질 겁니다."

그 말에 더는 반박할 수 없었다. 나는 영국인 친구에게 말했다.

"얼른 나가세. 저 사람에게 내가 누군지 말해주지 말게. 그가 나를 이겼구먼."

그는 나가는 우리를 쫓아 문 앞까지 따라 나와서, 손가락으로 우리를 가리키며 거리에 있는 사람들을 향해 외쳤다.

"신사 숙녀 여러분, 제 손님들의 훌륭한 인품을 주목해주십시오."

며칠 후 나는 그에게 전화를 걸어 내가 누구였는지 밝히며 충고했다.

"자네는 정말 훌륭한 쇼맨이네. 하지만 장소를 잘못 고른 것 같군."

그가 대답했다.

"맞습니다, 선생님. 제 재능이 낭비된 기분이에요. 어떻게 하면 될까요?"

"미국으로 가게나. 그곳에서 자네의 능력을 마음껏 발휘해보게. 미국에는 아직 기회가 많다네. 내가 2년간 자네를 고용할 테니 그다음에는 자네 혼자 일어서보게."

그는 내 제안을 수락하고 이후 내가 운영하는 뉴욕박물관에서 2년간 일했다. 그는 뉴올리언스로 옮겨가서 여름 동안 순회공연을 벌였다. 그리고 지금 그는 6만 달러의 가치를 가진 인물이 되었다. 그것은 그가 자기에게 맞는 일을 선택하고 그 일을 하기에 좋은 장소를 선정했기 때문에 가능했다.

"이사를 세 번 하는 것은 불이 나서 집이 다 타버리는 것만큼 나쁘다"라는 말이 있지만, 이미 발등에 불이 떨어진 상황이라면 얼마나 빨리 또는 자주 자리를 옮기는지는 아무런 문제가 되지 않는다.

"모든 사람이 세상을 바꾸겠다고 생각하면서도
정작 누구도 자기 자신을 바꿀 생각은 하지 않는다."

레프 톨스토이

절대 빚지지 마라

***

사회생활을 시작할 때 절대 빚을 지지 말아야 한다. 사람을 끌어내리는 것 가운데 빚만 한 것이 없다. 빚을 지는 것은 곧 스스로 노예가 되는 지름길이다.

그럼에도 여전히 사회 초년생들이 빚더미에 허덕이는 것을 흔히 본다. 그들은 친구를 만나 '빚으로 옷을 산 일'을 자랑 삼아 떠벌린다. 그는 그 옷이 이미 자기 것이라도 되는 듯 어깨를 으쓱한다. 그 뒤에 상황이 어떻게 이어지는지는 누구나 알 것이다. 그 옷의 빚을 메우기 위해 다시 빚을 내고, 그러는 사이에 빚은 눈덩이처럼 쌓이고, 평생 가난에서 벗어나지 못할 것이다.

빚은 사람의 자존심을 갉아먹고 자신을 경멸하게 만든다. 빚을 갚기 위해 허덕이며 일해도 정작 빚쟁이가 찾아오면 언제나 갚을 돈이 없다. 이것은 '죽어버린 말' 값을 갚으려고 일하는 것이나 다름없다.

나는 외상으로 물건을 사고파는 상인이나 외상으로 물건을 사서 이익을 남기는 사람들에 대해 말하는 것이 아니다. 옛날 퀘이커 교도들은 자기 자식에게 이렇게 말했다.

"절대로 외상을 지지 마라. 단 비료가 필요할 때만 그렇게 해라. 그래야 다시 갚을 수 있을 테니."

소설 《톰 아저씨의 오두막》으로 유명한 작가 해리엇 비처 스토는 젊은이들에게 시골 땅을 살 때 어느 정도의 빚을 내는 것은 괜찮다고 말했다.

"그들이 빚을 얻어 땅을 사고 결혼한다면, 이 두 가지가 그를 바르게 살게 해줄 것이다. 그러나 이것은 한정된 범위 내에서 안전할 수 있다. 음식과 마실 것, 옷을 위해 빚을 지는 것만은 피해야 한다."

어떤 사람들은 상점에서 외상을 하는 습관을 갖고 있으며, 이로 인해 종종 필요하지 않은 물건을 많이 구매하고 만다.

"60일을 기한으로 돈을 빌렸는데, 그때가 되면 내가 돈을 갚지 않아도 빚쟁이가 모를 거야."

당신이 이런 멍청이가 아니길 바란다. 세상에 빚쟁이만큼 기억력이 좋은 사람은 없다. 60일이 지나기 전에 반드시 빌린 돈을 갚아야 한다. 그렇지 않으면 그것은 거짓말을 꾸며내야 하는 상황에 이를 것이다. 핑계를 대거나 다른 곳에서 빚을 내어 갚을 수도 있겠지만, 그럴수록 더 깊은 수렁에 빠지고 만다.

호레이쇼라는 잘생겼지만 게으른 견습공이 있었다. 어느 날 사장이 그에게 물었다.

"호레이쇼, 네 편으로 온 우편물을 본 적 있는가?"

"그런 것 같긴 한데요."

그가 느릿느릿 대답하자 사장이 말했다.

"그래, 당연히 본 적 있을 거야. 자네가 내게 갚기로 하고 빌려 간 돈 있지? 자네는 아직 그걸 갚지 않았으니 내게 각서를 써줘야겠네."

이때 이자를 내겠다고 각서를 쓰면 불리해지기 시작한다. 원금에 밤새 불어나는 이자까지 얹은 채권자는 자고 일어나면 더 부유해지지만, 채무자는 자는 동안 더 가난해진다. 바로 갚아야 할 이자가 쌓이고 쌓이기 때문이다.

돈은 어떤 면에서 불과 같다. 충실한 하인이 될 수 있지만 무서운 주인이 되기도 한다. 돈이 당신을 지배하게 내버려두면, 이자는 불고 불어 당신을 가장 비참한 노예가 되게 한다.

만약 돈이 당신을 위해 일한다면 돈은 세상에서 가장 헌신적인 하인이 된다. 돈은 '꼼수나 쓰는 일개 하인'이 아니다. 안전하게 보관하기만 하면 돈만큼 충실한 존재는 없다. 돈은 밤낮을 가리지 않고, 비가 오거나 마른 날일 때도 당신을 위해 일할 것이다.

나는 청교도 정신이 살아 있는 코네티컷주에서 태어났다. 그곳은 "일요일 아침에 아내와 키스한 남자에게는 벌금을 물린다"라고 할 정도로 엄격한 규칙을 지키는 이들이 살고 있었다. 그러나 이처럼 규율이 엄격한 곳에서도 부유한 청교도들은 수천 달러를 빌려주면서 토요일 저녁에 일정 금액의 이자를 받곤 했다.

일요일에 교회에 가서 기독교인으로서의 의무를 수행하고 월요일 아침에 일어나면 그들은 약속에 따라 이자가 차곡차곡 쌓여 지난주보다 훨씬 부자가 된 자신과 마주할 것이다.

돈에 끌려다니지 마라. 그렇지 않으면 경제적인 성공을 이룰 기회는 없을 것이다. 버지니아 출신의 괴짜 정치가 존 랜돌프는 언젠가 의회에서 이렇게 외쳤고, 그는 어떤 연금술사도 찾아내지 못한 현자의 비밀을 잘 알고 있었다.

"여러분, 저는 현자의 비밀을 알아냈습니다. 그것은 바로 빚을 지지 않는 것입니다!"

"가난하면 부자의 지배를 받고, 빚을 지면 빚쟁이의 종이 된다."

《성경》

끈기 있게 밀고 가라

***

올바른 길에 들어섰다면 끈기를 잃지 말아야 한다.

혹시 선천적으로 게으르고 자립심과 끈기가 없는 '피곤하게 태어난 사람'인가? 하지만 19세기 미국 군인이자 정치인으로 '와일드 프론티어의 왕'으로 불린 데이비 크로켓이 말한 것처럼 누구나 자립심과 끈기를 기를 수 있다.

"내가 죽더라도 이 말을 명심하라. 옳다고 확신한다면 그대로 밀고 가라."

'두려움'이나 '비관'에 사로잡히지 않는 것, 부자가 되기 위한 싸움에서 힘을 잃지 않는 것, 그것이 당신이 길러야 하는 자질이다.

많은 사람이 열망하던 목표에 거의 도달했지만 정상 바로 아래에서 자신을 믿지 못한 채 주저앉았다. 그토록 찾던 것을 눈앞에서 영영 놓친 것이다. 그들에게 셰익스피어의 말은 지금도 의심할 여지가 없다.

"모든 일에는 밀물과 썰물이 있다. 그때를 잘 이용하라. 그러면 부자가 될 것이다."

망설이면 더 대담한 사람이 당신보다 먼저 손을 뻗어 부를 낚아챌 것이다. 솔로몬의 잠언을 기억하라.

"게으른 손을 놀리는 자는 가난해지지만, 부지런한 손을 다루는 자는 부자가 되리라."

끈기는 자립의 또 다른 말이다. 많은 사람이 삶의 어두운 면만 바라보고 걱정을 끌어온다. 그들은 언제나 자신의 의지보다 다른 사람의 조언을 구하고 이 말 저 말에 쉽게 휘둘린다. 자신을 믿지 못하는 이들은 언젠가 자신에게 의지하기 전까지는 성공을 기대하지 말아야 한다.

나는 경제적인 불행을 극복하지 못해 목숨을 끊은 사람들을 알고 있다. 하지만 그보다 더 재정적인 어려움을 겪으면서도 정의로운 일을 하는 사람들도 알고 있다. 그들은 '선으로

악을 이길 것'이라는 확고한 믿음으로 끈기 있게 역경을 극복했다. 이런 예는 어디에서나 찾을 수 있다.

두 장군이 있다. 둘 다 군사 전략에 정통하고, 군사학교에서 교육을 받았으며, 똑같이 재능이 있다. 하지만 한 사람은 끈기가 있고 또 한 사람은 그렇지 않다면, 당연히 전자는 후세에도 이름을 떨칠 것이고 후자는 당대는 물론 역사에 오명만 남길 것이다.

"적이 나타났습니다! 적들이 대포를 갖고 있습니다!"

병사가 큰 소리로 외치자 장군이 물었다.

"대포가 있다고?"

"네!"

"그럼 병사들에게 일단 멈추라고 하라."

장군에게는 생각할 시간이 필요했다. 그러나 주저는 곧바로 파멸을 의미한다. 장군이 주저하는 사이 적은 물밀 듯이 쳐들어와서 아군을 압도할 것이다. 반면에 용기와 끈기, 자립심을 가진 장군은 이길 수 있다는 의지를 갖고 전투에 임할 것이며, 요란한 총소리, 대포의 굉음, 부상병의 비명, 죽어가는 병사의 신음 속에서도 흔들리지 않는 결단력으로 앞으로 나아갈 것이다. 적군에 아무리 대포가 있다고 해도 이길 수 있다는 믿음을 병사들에게 심어주면서.

"하나의 작은 꽃을 만드는 데도 오랜 세월의 노력이 필요하다."

윌리엄 블레이크

땀은 배신하지
않는다

***

필요하다면 언제든, 그것이 새벽이든 늦은 밤이든, 제철이든 비수기이든, 돌다리를 두드려보는 데 시간을 허비하지 말고, 지금 할 수 있는 일이라면 미루지 말고 당장 시작하라. "어떤 일이든 하기로 마음먹었다면 최선을 다해야 하고 해낼 가치가 있다"라는 말은 많은 것을 담고 있다.

자기 일을 누구보다 철저하게 운영해서 부자가 된 사람이 있는가 하면, 중간에 멈춰 평생 가난에서 벗어나지 못하는 사람도 있다. 야망, 힘, 근면, 끈기는 성공에 없어서는 안 될 필수 요소다.

행운은 언제나 용기 있는 사람에게 다가간다. 스스로 돕지 않은 자에게 행운이란 없다. 찰스 디킨스의 소설 《데이비드 코퍼필드》에 등장하는 미코버처럼 무언가가 '나타나기를'

기다리면서 시간을 보내는 것은 옳지 않다. 게으름과 행운에 기대는 것은 나쁜 습관을 낳고 누더기옷만 줄 뿐이다. 특히 게으름이 줄 수 있는 것은 빈민가나 감옥뿐이다.

가난한 부랑자는 부자에게 이렇게 말할 것이다.

"나는 이 세상에 모두를 위한 충분한 돈이 널려 있다는 것을 알죠. 균등하게 분배된다면 우리가 모두 다 같이 행복해질 수 있어요."

이 말에 부자가 묻는다.

"하지만 말입니다. 모든 사람이 당신처럼 돈을 쓴다면 두 달이면 돈이 바닥날 텐데, 그때는 어떻게 하시겠습니까?"

부랑자는 다시 이렇게 답할 것이다.

"아, 다시 나누면 되지요, 분배를요. 당연하지 않나요!"

최근 영국의 한 신문에서 하숙비를 내지 못해 값싼 하숙집에서 쫓겨난 가난한 철학자에 관한 기사를 읽었다. 쫓겨나던 중 그의 코트 주머니에서 종이 뭉치가 튀어나왔는데, 거기에는 한 푼의 도움 없이 영국의 국채를 갚을 수 있는 획기적인 계획이 적혀 있었다.

이 가난한 철학자의 삶과 그의 주머니 안에만 있던 계획을 생각하면 17세기 영국 청교도혁명의 주역인 크롬웰이 한 말이 떠오른다.

"신의 섭리를 믿는 것뿐만 아니라 눈앞의 화약 관리도 부지런히 하라!"

사막에서 야영하던 어느 날 밤, 지친 추종자가 마호메트에게 다가와서 물었다.

"낙타를 놔주면 신이 도와주시겠죠?"

추종자의 질문에 마호메트는 이렇게 대답했다.

"아니, 그래서는 절대로 안 된다. 낙타가 도망가지 않게 튼튼하게 매어놓은 다음에야 신의 뜻에 맡겨야 한다."

스스로 최선을 다한 다음에야 비로소 신이든 행운이든 찾아야 한다.

"아무리 재주가 비상하고 뛰어나더라도 노력하지 않으면 쓸모없다."

미셸 몽테뉴

모든 것은 나한테
달려 있다

***

사장 한 사람의 눈은 종종 직원 수십 명의 일손보다 더 가치 있을 때가 있다. 일의 특성상 직원은 사장이 직접 일하는 것만큼 충실할 수 없다. 아무리 능력 있는 직원이라도 중요한 사안을 간과한 채 지나치는 경우가 있지만, 사장은 아무리 사소한 것이라도 회사에 관련된 것이라면 절대로 허투루 보지 않는다.

자기가 하는 일을 제대로 이해하지 못하면 성공을 기대할 자격이 없다. 근면함과 풍부한 경험, 그리고 자기 일에 애정을 갖고 열심히 익히지 않으면 누구도 자기가 맡은 일을 완전히 이해할 수 없다.

물건을 만드는 일에 종사하는 사람은 자신이 어떤 물건을 만들고 그것이 누구에게 어떻게 쓰이는지 알아야 하고, 그래서 더더욱 자신이 만드는 물건의 세부 부분들을 배우고 익혀야 한다. 매일 무언가를 배우고 매일 실수를 하기도 하지만, 실수를 통해 배우는 경험은 큰 도움이 된다.

'괜찮아, 매일 조금씩 새로운 사실을 알고 배울 수 있으니 다시는 그런 실수를 하지 않을 거야.'

그는 남들이 하지 못한 경험을 했고, 그 경험을 샀다. 너무 비싼 가격이 아니라면 그 경험은 그 무엇보다 값질 것이다.

프랑스의 동물학자 조르주 퀴비에처럼 자기 일에 정통해야 한다. 그는 자연사 연구에서 누구보다 정통했다. 한 번도 본 적 없는 동물의 뼈나 그 일부를 보고 유추해 동물의 본래 형상을 그려낼 수 있었다.

한 번은 학생들이 퀴비에를 속이려고 한 적이 있었다. 그들은 자기들 중 한 명에게 소가죽을 입혀 교수의 책상 아래에 새 표본인 양 놓아두었다. 그리고 퀴비에 교수가 강의실에 들어왔을 때, 이것이 어떤 동물인지 질문했다. 그런데 갑자기 그 동물이 말했다.

"난 악마고, 널 잡아먹겠어."

퀴비에는 이 동물에 호기심이 일었는지 그 동물을 열심히 살펴보고는 이렇게 말했다.

"발굽이 갈라져 있는 걸 보니 초식 동물인데 어떻게 나를 잡아먹겠다는 건가?"

발굽이 갈라진 동물은 풀과 곡식 또는 다른 초목을 먹고 산다. 죽었든 살았든 고기를 먹지 않는다. 따라서 퀴비에는 자신이 완벽하게 안전하다는 것을 알아차렸다. 이처럼 확실한 성공을 위해서는 자기 분야의 지식을 통달해야 한다.

"신중하지만 대담하게 행동하라."

유대계 금융 재벌인 로스차일드의 이 격언은 모순처럼 보일 수도 있겠지만 실제로는 그렇지 않다. 이 격언에는 큰 지혜가 담겨 있다. 더구나 이 말은 내가 말해왔던 바를 모두 압축해 표현한 것이다.

계획을 세울 때는 신중하되 실행할 때는 과감해야 한다. 조심만 하는 사람은 결코 성공할 수 없으며, 대담하기만 한 사람은 무모할 뿐으로 결국 실패와 가까울 수밖에 없다.

어떤 사람은 주식 투자로 단번에 남들이 부러워하는 큰돈을 벌기도 한다. 그러나 신중함 없이 대담하게 투자해서 얻은 그 돈은 그저 행운에 불과하며, 오늘은 우연히 벌었을지 몰라도 내일은 잃고 말 행운이다. 한때의 우연한 행운에 기대지 않는다면, 신중함과 대담함 모두를 갖춰야 비로소 성공에 이를 수 있다.

로스차일드의 또 다른 격언 중에 "운이 나쁜 사람이나 장소와는 절대 인연을 맺지 말라"라는 말이 있다. 정직하고 똑똑해 보이는 사람이 여러 일을 시도했는데도 끝이 항상 실패라면, 그에게는 당신이 발견하지 못한 어떤 결함이나 오류가 있다. 그런 사람은 결코 성공하지 못하고, 그런 사람이나 장소와는 가까이하지 말아야 한다.

세상에는 행운이라고 할 것이 없다. 아침마다 길거리에서 돈지갑을 줍는 사람은 없고, 오늘이 아니면 내일이라도 돈지갑이 떨어져 있을까 하며 매일 매일 길거리를 헤매며 살 수도 없다. 일생에 한 번은 커다란 행운이 찾아오기도 하겠지만, 운은 쉽게 찾아온 것만큼 쉽게 나간다.

"원인 없는 결과는 없다."

성공하기 위해 적절한 방법을 선택한다면 운 따위가 앞을 막을 수 없다. 성공하지 못한다면 반드시 이유가 있다. 다만

당사자에게는 그 원인이 보이지 않을 뿐 아니라 애써 그 원인을 보지 않으려 할 뿐이다.

"얄팍한 사람은 운을 믿고, 강인한 사람은 원인과 결과를 믿는다."

랠프 월도 에머슨

곁에 누가 있는가

***

　직원을 고를 때는 주의해야 한다. 최고의 사람을 얻기는 어렵고, 훌륭한 직원을 얻었다면 계속 함께해야 한다. 직원은 경험 속에서 배워나가기 마련이며, 이는 조직에도 긍정적인 영향을 미칠 것이다. 따라서 성실하고 좋은 습관을 지닌 직원이 매일 발전한다면 그와 끝까지 함께하는 것이 좋다.

　그의 가치가 더 높아지면서 과도한 급여 인상을 요구한다면, 일하는 데 무리가 생길 것을 전제하에 해고하라. 나는 이런 직원이 있다면 항상 해고한다. 그 자리가 언제든지 대체될 수 있다는 것을 그에게 확신시키기 위해서이며, 그가 과한 자만심을 가지고 있다면 회사에 부정적인 영향을 줄 수 있기 때문이다.

　하지만 가능하다면 나도 이익을 위해 그와 함께 일하고 싶다. 직원에게 중요한 요소는 두뇌다. '일손 구함'이라는 문구는 많이 보이지만 사실은 '머리'가 없으면 '손'은 큰 가치가 없다. 소설 《톰 아저씨의 오두막》을 쓴 해리엇 비처 스토는 이를 다음과 같은 이야기에 빗대어 설명했다.

한 사람이 일하고 싶다며 고용주를 찾아왔다.

"제게는 두 손이 있는데, 손가락 중 하나로 생각할 수 있습니다."

사장이 대답했다.

"그것참 훌륭하군."

그러자 두 번째 사람이 들어와서 말했다.

"저는 생각하는 두 개의 손가락이 있습니다."

"오호! 그게 더 낫군."

그러자 세 번째 사람이 들어와서 이렇게 말했다.

"전 엄지를 포함한 모든 손가락을 가지고 생각합니다."

마지막으로 또 다른 사람이 들어와서 이렇게 말했다.

"저는 머리로 생각하고, 모든 것을 생각하며 일합니다."

그러자 사장이 기뻐하며 말했다.

"자네야말로 내가 그토록 찾던 사람이네!"

머리가 좋고 경험이 풍부한 직원이야말로 가장 가치 있고, 그런 직원이라면 쉽게 떠나보내서는 안 된다. 때마다 급여를 합리적으로 인상해주는 것이 그 직원뿐만 아니라 사장을 위해서도 좋다.

"그에게 책임을 부여하고 그렇게 함으로써 내가 그를 믿고 있음을
알게 하는 것보다 그에게 더 큰 도움은 없다."

부커 T. 워싱턴

최초가 아니라면
최고가 되어라

***

회사에는 자기가 맡은 일에 누구보다 열정적인 사람이 있는가 하면, 무슨 일이든 미룬 채 변명과 핑곗거리만 찾는 이들도 있다.

"이 회사에서 많이 배우기는 하지만 이곳에 오래 있지는 않을 거예요. 이 일로 내 회사를 차릴 것도 아니면서 나하고 맞지 않는 일을 억지로 배울 필요는 없잖아요."

"그럼 회사를 차릴 자본금은 있나요?"

"아뇨. 하지만 곧 마련할 거예요."

"어떻게 마련할 건데요?"

"이건 비밀인데요, 제게는 돈 많은 숙모가 계세요. 연세가 많으셔서 돌아가실 날이 얼마 남지 않았죠. 기대보다 오래 사신다고 해도 자금을 빌려줄 부유한 노인은 얼마든지 찾을 수 있어요. 시작할 돈만 있으면 전 얼마든지 잘할 수 있다고요."

빌린 돈으로 성공할 수 있다고 믿는 것보다 더 큰 오산은 없다. 왜 그럴까? 18세기 후반 미국 최초의 백만장자 반열에 오른 존 제이콥 애스터는 이렇게 말했다.

"막대한 재산의 기반이 되어줄 수백만 달러를 모으는 것보다 처음 적은 돈을 모으는 것이 더 어렵다."

누구나 이런 경험을 했을 것이다. 경험을 통해 돈의 가치를 깨닫지 못하면 돈은 아무 쓸모가 없다. 어린아이에게 자본금을 주고 사업을 시작하게 하면 1년을 넘기기 전에 그 돈을 모두 날려버릴 것이다.

복권에 당첨되어 손에 들어온 큰돈이 그렇듯 쉽게 온 것은 쉽게 사라지는 것이 섭리다. 노력을 들이지 않는 한 돈의 가치를 알지 못한다. 노력이 없는 일에는 그 어떤 것도 가치가 없다. 자기 힘으로 벌지 않은 돈으로 시작한다면 결코 큰돈을 모을 수 없다.

유산을 기다리는 대신 지금 당장 일어나서 열심히 일해야 한다. 부유한 노인이 언제 죽을지 기다리며 그에게 아부하는 사람은 이미 숱하게 많다. 그럴수록 그는 결코 일찍 죽지 않을 것이다. 아부하는 이들의 친절을 좀 더 오래 즐기고 싶을 테니까.

현재 당신이 아는 부호들 열 명 중 아홉 명은 가난 속에서 출발했다. 그들은 결연한 의지, 성실함, 인내심, 절약 정신, 그리고 좋은 습관을 지니고 가난을 딛고 일어섰고, 하찮은 돈이라도 모아 알뜰하게 저축했다. 이것이 그들이 큰돈을 모은 비결이다.

스티븐 지라드는 무역 재벌이자 9천만 달러를 가진 재산가이지만, 허름한 오두막집에서 태어났고 가난한 객실 승무원부터 시작했다. A.T. 스튜어트는 아일랜드의 가난한 소년이었으나 연간 납세 순위 5위 안에 드는 백화점 업계 거물이 되었으며, 미국 최초의 백만장자 존 제이콥 에스터는 가난한 농부의 아들이었다.

당대 미국의 대부호 중 한 명인 철도왕이자 선박왕 코넬리우스 밴더빌트는 어릴 적 뉴욕시 맨해튼 섬과 스태튼 아일랜드를 오가는 배의 잡역부였지만 나중에 정부에 100만 달러 상당의 증기선을 기증할 정도로 부자가 되었다. 사망했을 때 그의 총재산은 5천만 달러였다.

"배움에는 왕도가 없다"라는 말이 있다면, 성공에도 왕도가 없을까?

나는 그렇게 생각하지 않는다. 배움의 길 그 자체가 곧 왕도다. 학습을 통해 지성을 확장하고 매일 지식의 창고를 가득 채우는 것, 그 지적인 성장 과정을 거쳐 인류는 난해한 문제를 해결했고, 별의 수를 세며, 지구에 존재하는 모든 원자의 수를 분석하고 천체를 측정하는 능력을 키웠다. 이것이야말로 가장 빠른 왕도이며 갈 만한 가치가 충분한 길이다.

부자가 되고 싶고, 돈의 주인이 되고 싶은가? 그렇다면 자신 있게 일을 추진하고 규칙을 연구하되 무엇보다 인간의 본성을 철저하게 연구하라. 인류의 참된 연구 대상은 바로 인간이다. 세상과 인간의 본성에 대한 경험과 지식을 축적한다면 매일 더 많은 돈을 모을 수 있을 것이다. 그리고 모이는 돈은 이자가 붙고, 이자만으로도 또 다른 돈을 모아올 것이다.

가난한 부모 밑에서 자란 아이들이 부자가 되고 오히려 부잣집에서 태어난 아이들이 가난해지기 쉽다는 사실도 깨달을 것이다.

예를 들어 한 부자가 가족에게 막대한 유산을 남기고 죽었다고 하자. 그가 재산을 모으는 데 도움을 준 나이든 자녀는 경험을 통해 돈의 가치를 알고, 유산을 받고 나서 유산을 더 늘릴 것이다.

반면 그는 생전에 어린 자녀의 작은 머리를 쓰다듬으며 하루에 열두 번씩 이렇게 말했다.

"넌 부자란다. 그러니까 굳이 일하지 않아도 돼. 네가 원하는 건 언제든 가질 수 있잖아."

어린 상속인은 이것이 무슨 뜻인지 알아차린다. 그는 남들이 부러워하는 멋진 옷을 입고 아무리 써도 남을 만큼의 재산을 가지고 있다. 그런 그는 다디단 사탕발림에 들뜰 것이며, 어디에서나 애정과 아첨을 받는다.

그는 오만하고 자만심으로 가득한 사람으로 자란다. 다른 사람에게 모욕을 주고 거만하게 굴 것이다. 제 손으로 돈을 벌어본 적 없어서 돈의 진정한 가치에 대해 아무것도 모르지만, 태어나면서 물려받은 것이 무엇인지는 몸으로 배울 것이다. 성인이 되면 가난한 친구들을 초대해 선심을 쓰듯 고급 와인과 음식을 먹여준다. 돈을 아낌없이 쓴 덕분에 다들 그를 '인심 좋은 친구'라고 입이 닳도록 칭송한다.

그는 친구들을 축제와 파티에 불러 모은다. 밤새도록 탈선과 방탕함에 허우적대며 친구들과 함께 즐겁게 외칠 것이다.

"우리는 아침까지 집에 돌아가지 않아."

그것도 시들해지면 그는 친구들을 꼬드겨 시내로 가서 상점 간판을 발로 차고, 문을 뜯어 강물에 던져버린다. 체포하러 온 경찰까지 때려눕히고 유치장 신세까지 지지만 아무 일 아니라는 듯 웃으면서 벌금을 내고 나온다. 그는 친구들에게 큰 소리로 외친다.

"이렇게 즐기지도 못할 거면 왜 부자겠어!"

다른 사람의 돈으로 주머니를 가득 메운 그가 모든 것을 잃게 되는 것은 시간문제다. 더 큰 문제는 그 과정에서 건강을 해치고 돈을 바닥내고 성격까지 망가뜨리는 온갖 종류의 나쁜 습관에 물든다는 것이다.

한 세대가 지나면 또 다른 세대가 온다. 당장은 가난하더라도 다음 세대에는 부자가 될 수 있다. 경험을 통해 부자가 되고 어린 자녀에게 막대한 재산을 남겨주지만, 사치스럽게 자란 아이는 경험이 부족한 탓에 다시 가난해지고, 오랜 시간이 지나면 또 다른 세대가 등장해 차례로 부를 축적한다. 따라서 '역사는 되풀이'되며, 다른 사람들의 경험을 귀 기울여 듣고 익히면 수많은 장애와 함정을 슬기롭게 헤쳐 나갈 길을 찾을 수 있다. 그렇게 그는 마지막에 웃는 사람이 된다.

영국에는 이런 말이 있다.

"직업이 사람을 만든다."

영국에서는 기계공이나 노동자가 신사로 인정받지 못한다. 내가 처음 빅토리아 여왕을 알현하러 갔을 때, 웰링턴 공작이 내 동료에게 이런 질문을 했다.

"톰 씨의 부모님은 어떤 분이셨죠?"

그가 대답했다.

"저희 부모님은 목수공이셨습니다."

이 말에 그가 놀란 표정으로 이런 반응을 보였다.

"신사라고 들었는데 말이죠……."

대장장이거나, 구두수선공이거나, 농부거나, 은행원이거나, 변호사든 법에 저촉되지 않는 일이라면 모두 좋은 직업이다. 따라서 '합법적'이기만 하다면 그 일에 종사하는 사람뿐만 아니라 다른 사람들에게도 도움을 줄 수 있다.

농부는 농사일로 자기 가족을 먹여 살리지만 자기가 키운

농작물로 상인이나 수리공에게 도움을 주고, 재단사는 재단 일로 생계를 유지하면서 농부와 목사 등 스스로 옷을 만들 수 없는 다른 사람들에게 도움을 준다. 모든 일은 다른 일을 하는 사람들과 도움을 주고받는다. 다만 같은 일에 종사한다면, 그들을 능가하는 원대한 야망을 품고 있어야만 한다.

졸업을 앞둔 한 대학생이 나이든 변호사에게 물었다.
"아직 어떤 일을 할지 결정하지 못했습니다. 변호사 일에는 자리가 있나요?"
"지하실은 꽤 붐비는 편이지만 위로 올라갈수록 자리가 남아돈다네."
이 얼마나 재치 있는 표현이며 정곡을 찌르는 대답인가.

아래로 내려갈수록 설 자리는 더욱 좁아지지만, 어떤 직업이나 일이든 위로 올라갈수록 자리는 충분히 남아 있다. 가장 정직하고 똑똑한 상인이나 은행가, 최고의 변호사, 최고의 의사, 최고의 목사, 최고의 구두수선공을 비롯해 그것이 어느 자리든 사람들이 많이 찾고 항상 남들보다 돋보이게 일하는 사람이 되면 된다.

겉모습에 집착하고 빨리 부자가 되고 싶어 하는 이들이 많다. 그러면서도 정작 남들보다 눈에 띄고 부자가 되는 데 필요한 것은 챙기지 못한다. 자기 분야에서 다른 사람들을 능가하는 사람이 좋은 습관을 들이고 성실하다면 부는 자연스럽게 따를 수밖에 없다. 그런 사람이라면 누군들 후원해주지 않겠는가. 그러므로 '내 자리에서 최고가 되자'를 평생의 좌우명으로 삼아 이를 실천하라. 그러면 결코 실패는 없을 것이며, 이미 성공의 길에 들어선 것이나 다름없다. 그때 돈의 주인은 당연히 당신이다.

"생각이 바뀌면 행동이 바뀌고, 행동이 바뀌면 습관이 바뀌고, 습관이
바뀌면 성격이 바뀌고, 성격이 바뀌면 운명이 된다."

윌리엄 제임스

남들이 대신할 수 없는
일을 하라

***

자녀가 있다면 유용한 기술이나 전문지식을 배우게 해야 한다. 지금처럼 오늘은 부자가 되고 내일은 가난해질지 모를 만큼 변화가 심한 시대에 변화에 대비하고 의지할 수 있는 실질적인 기술이 필요하다. 이것은 예기치 못한 변화로 모든 재산을 잃었을 때 비참한 처지로부터 구할 수 있는 한 가지 방법이다.

무엇이든 맡겨만 주면 잘 할 수 있는 일들은 누구나 능숙하고 깔끔하게 할 수 있다. 하지만 남들이 잘 다룰 수 없는 기술과 남들이 알지 못하는 전문지식을 가지고 있다면 그나마 하루아침에 가난해지는 것은 피할 수 있다.

대체할 수 없는 사람이 되어야 하고, 남들이 대신할 수 없는 일을 하라.

"삶은 자기 자신을 찾는 여정이 아니라
자기 자신을 만드는 과정이다."

조지 버나드 쇼

알이 깨기도 전에
병아리를 세지 마라

***

　많은 이들이 가난에서 벗어나지 못하는 이유 중 하나는 지나치게 비현실적인 꿈을 꾸기 때문이다. 그들은 무슨 계획이든 확실하게 성공하리라 짐작한다. 그래서 한 가지 일에 몰두하지 못하고 끊임없이 다른 일에 기웃거리다 보니 늘 곤경에 처한다.

　알이 깨기도 전에 병아리가 몇 마리인지 세어서는 안 된다. 이것은 오래전부터 많은 이들이 하는 실수이자 오늘날에도 여전히 반복되고 있다.

　희망은 필요하지만, 공상이 희망이어서는 안 된다. 어떤 일이 이루어지기를 바라는 것은 누구나 마찬가지이지만, 씨를 뿌리기도 전에 열매 맺기를 바라지 마라.

"행동으로 이어지지 않는 꿈은 헛된 꿈이다."

석가모니

지금 하는 일에
몰두하라

***

한 가지 일에 몰두하라. 성공할 때까지 또는 많은 경험을 통해 멈춰야 할 때가 올 때까지 그 일에 몰두하라. 못을 계속 두드리다 보면 마침내 못이 박힐 것이며, 온전히 한 가지 대상에 집중하면 연이어 가치 있는 아이디어가 떠오를 것이다.

그러나 한 번에 여러 가지 일에 매달리면 결코 새로운 아이디어가 떠오르지 않는다. 남다른 아이디어가 생각나더라도 다른 일에 치여 이내 잊어버릴 것이다.

"지금 하고 있는 일에 온 정신을 집중하라.

햇빛은 한 초점에 모아질 때만 불꽃을 낸다."

알렉산더 그레이엄 벨

체계를 세워야 할 때

***

일할 때는 체계적이어야 한다. 규칙에 따라 일하는 사람, 모든 일에 시간과 장소를 정하고 신속하게 일하는 사람은 부주의하고 엉성하게 하는 사람의 반만 일하고도 두 배나 많은 결과를 성취할 수 있다.

모든 거래에 체계를 세우고, 한 번에 한 가지 일만 하며, 약속 시간을 철저하게 지키면 취미와 여가를 위한 여유를 누릴 수 있다. 반면에 한 가지 일을 하다가 다른 일로 돌아서며 해야 할 일의 절반도 미처 하지 못한 채 하루해가 저물고 만다.

물론 모든 체계에는 정도가 있다. 지나치게 체계적이어서는 절충점을 넘을 수 있다. 예를 들어 물건을 아무도 모르는 곳에 두는 바람에 정작 나중에는 숨겨둔 사람조차 그 물건을 찾을 수 없는 것처럼. 형식적인 이론만 있고 실제적인 결과는 없는 일은 찰스 디킨스의 소설 《작은 도릿》에만 등장하는 것이 아니다. 오늘날 관료주의에 젖은 이들에게서 지나치게 체계적인 경우를 흔히 보고, 이에 따른 부작용은 누구나 경험했을 것이다.

'애스터 하우스'가 뉴욕에서 처음 문을 열었을 때, 이 호텔은 의심할 여지없이 미국 최고의 호텔이라고 칭송받았다. 오랜 기간 유럽 호텔의 경영 노하우를 익힌 애스터 하우스 경영진은 호텔의 모든 부서에 적용되는 엄격한 체계를 자랑스러워했다.

밤 12시, 투숙객으로 만원이 될 때마다 경영진 중 한 명이 손님들을 모아 놓고 호텔 직원에게 벨을 누르게 했다. 직원이 벨을 누르자 2분 만에 60명에 이르는 웨이터가 양손에 물동이를 들고 로비에 모습을 드러냈다. 그런 다음 경영주가 이렇게 말했다.

"이것이 저희 호텔의 화재경보 시스템입니다. 이 벨은 이호텔이 매우 안전하다는 것을 보여줍니다. 이처럼 우리는 모든 일을 체계적으로 관리하고 운영하지요. 그러니 안심하셔도 됩니다."

뉴욕시에서 크로톤 저수지 물을 끌어다 쓰기 전에 이렇게 많은 물을 댈 수 있다는 것은 이 호텔만의 자랑거리였다. 하지만 그들이 자랑하는 그 체계는 너무 지나치며, 오히려 투숙객들을 피곤하게 할 뿐이다.

한 번은 호텔이 투숙객으로 붐비던 날, 웨이터 중 한 명이 몸이 아파 일을 할 수 없었다. 호텔에는 그 웨이터 말고도 59명의 웨이터가 더 있는데도 경영주는 빠진 한 명을 꼭 보완해야 한다고 생각했다. 그렇지 않으면 호텔의 체계에 문제가 생길 것이라 예상했기 때문이다. 저녁 식사 시간이 되기 직전, 경영주는 계단을 바삐 오르내리며 "일할 사람이 한 명 비는데 어떻게 하지?"라며 고민했다.

그러다 우연히 한 구두닦이와 마주쳤다.

"이보게! 얼른 가서 얼굴과 손을 씻고 앞치마를 두르고 5분 안에 식당으로 오게."

얼마 후에 구두닦이가 요구대로 하고 나타나자 경영주가 물었다.

"저기 보이는 의자 뒤에 서서 그 의자에 앉을 신사분의 시중을 들게. 웨이터 일을 해본 적 있나?"

"해본 적은 없지만 어떤 일인지는 대충 압니다."

이것은 파일럿의 대답만큼이나 씩씩했다.

항로를 벗어났다고 생각한 선장이 파일럿에게 물었다.

"지금 확실히 알고 운행하는 건가?"

파일럿은 당연하다는 듯 말했다.

"물론이지요. 이 해협이라면 바위 하나하나까지 알고 있습니다."

그러나 그 순관 '쿵' 하는 소리와 함께 배가 바위에 부딪혔고, 파일럿은 이렇게 중얼거렸다.

"저게 그중 하나입니다."

다시 호텔로 돌아가자.

구두닦이의 대답을 들은 경영주가 그에게 지시했다.

"우리 호텔에서는 모든 것이 체계적이어야 하네. 먼저 신사분들에게 수프를 한 접시씩 갖다 드리고, 다 드시고 나면 무엇을 드실지 물어보게."

"아! 체계라는 것이 어떤 건지 확실히 알겠군요."

이윽고 손님들이 들어왔고 수프 접시가 그들 앞에 놓였다. 구두닦이가 맡은 두 신사 중 한 사람은 수프를 먹었고 다른 한 사람은 수프를 먹지 않았다. 수프를 먹지 않은 신사가 웨이터에게 말했다.

"이 접시를 치우고 생선요리를 주세요."

구두닦이는 맛도 보지 않은 수프 접시를 바라보며 '체계'에 관한 지배인의 지시를 떠올리며 대답했다.

"수프를 다 드시기 전까지는 안 됩니다!"

이것이 바로 과하게 체계를 지킨 것의 예시다.

"일에 좌우되지 말고, 일을 좌우하라."

벤저민 프랭클린

흐름에 도태되는가

***

　신뢰할 만한 정보를 항상 챙기면서 세상이 어떻게 돌아가는지 꼼꼼히 챙겨라. 수시로 변화하는 정보를 읽지 않으면 세상의 흐름에서 고립된다. 어제 밝혀진 것이 오늘은 달라질 수 있고, 오늘 만들어진 것이 내일은 더 새로운 발명으로 이어질 수 있다. 더구나 지금처럼 각 분야에서 중요한 발명과 발전이 끊임없이 일어나는 상황에서는 늘 새로운 정보가 필요하다.

　때로는 무시할 만한 정보도 없지 않지만, 아무리 사소한 정보라도 그것은 부를 부르는 신호일 수 있다. 흐름에 도태되지 않고 기회를 놓치지 않으려면 수시로 정보를 챙기고 그 정보들에서 남들이 놓친 기회를 잡아라.

"가장 강한 종이나 가장 지능이 높은 종이 살아남는 것이 아니다.
살아남는 것은 변화에 가장 잘 적응하는 종이다."

찰스 다윈

능력 이상의
요행이라면

***

우리는 때때로 자산가가 갑자기 가난해지는 것을 본다. 이것은 대부분 무절제한 소비와 나쁜 습관으로 인해 발생하며, 때로는 어떤 종류의 '외부 활동'에 한눈을 팔았기 때문이다.

합법적인 사업을 일궈서 부자가 되면 수천만 달러를 벌 수 있는 거액의 투기에 대한 소문이 들려오기 마련이다. 거기다 주변 사람들까지 가세해 "당신은 좋은 운이 모두 갖고 태어나서 만지는 모든 것이 금으로 변할 것입니다" 하며 끊임없이 아첨한다. 그러면 그는 자신을 자산가로 이끌어 준 절약 습관, 성실함, 일에 대한 열정이 성공의 원인이었다는 사실을 잊어버린 채 결국 유혹의 소리에 귀를 기울이고 만다.

"2만 달러만 투자해보세요. 늘 운이 좋았으니 6만 달러로 불릴 수 있을 거예요."

며칠이 지나고 그는 만 달러를 더 넣어야 한다는 소식을 들을 것이다. '괜찮다'라는 말을 들은 지 얼마 지나지 않아 또 예상하지 못한 문제가 생겼으니 2만 달러를 더 넣으면 6만 달러보다 훨씬 많은 수익을 낼 수 있다는 말을 들을 것이다. 그러나 그 말들이 모두 사기라는 사실을 깨닫기 전에 결국 거품은 터지고, 그는 가지고 있던 모든 재산을 잃고 나서야 미리 알았어야 했던 것을 깨닫는다.

아무리 성공하고 돈이 많더라도 자기의 관심 분야에서 벗어나 잘 이해하지 못하는 사업에는 투자하지 마라. 만약 덫에 빠지는 순간 머리카락이 잘린 삼손처럼 모든 능력을 잃고 말 것이다. '내가 왜 이렇게 되었을까?' 아무리 후회한들 거스를 수 없다.

돈이 많다면 보장된 성공과 인류에게 도움이 되는 일에 투자하라. 그러나 투자한 금액은 정도를 지켜야 하고, 정당하게 번 재산을 어리석게 경험도 해보지 않은 일에 투자해 위험에 빠지지 말아야 한다.

"최고의 주사위 던지기는 주사위를 통에 그냥 넣어두는 것이다."

영국 명언

함부로 보증을 서지 마라

***

아무리 가족이나 가까운 사람의 부탁이라고 해도 어음에 사인하거나 보증을 서지 마라. 만약 도움을 주고 싶다면 그 돈이 없어도 별문제 되지 않는 선 이상을 넘지 마라.

2만 달러 이상의 자산을 가진 사람이 있다고 치자. 번창하는 제조 공장과 무역에도 관여하고 있는 그가 어느 날 은퇴후 퇴직금으로 사는 당신을 찾아온다.

"자네, 내 재산이 2만 달러에 이르고 빚은 1달러도 없다는 걸 알고 있지? 만약 당장 현금 5천 달러가 있다면 물건을 대량으로 사서 몇 달 안에 원금의 두 배로 늘릴 수 있는데, 그 금액만큼 어음에 사인 좀 해줄 수 있겠나?"

당신은 그가 2만 달러의 가치가 있는 것을 알고 있다. 그래서 위험하지 않고 그를 돕고 싶은 마음에 예방 조치 없이 어음에 사인해준다. 그리고 얼마 지나지 않아 그는 만기일이 된 어음을 당신에게 보여주면서 이렇게 말한다.

"기대한 만큼의 수익을 올렸다네."

당신은 친구를 돕고 수익도 생겨 기분이 좋아질 것이다. 앞으로도 같은 일이 생긴다면 당연히 그를 도울 것이다. 어음에 사인해도 아무런 문제가 없다고 믿어버렸기 때문이다.

그는 너무 쉽게 돈을 벌고 있다. 그가 한 일이라곤 당신이 써 준 어음을 은행에 가져가서 현금으로 돌려받았을 뿐이다. 그는 아무런 노력 없이 편하게 돈을 거머쥐었다.

이제 결과를 보자. 큰돈을 거머쥔 그는 자기 분야가 아닌 투기에 눈을 돌린다. 1만 달러 정도는 투자해도 어음 만기일이 도래하기 전에 반드시 회수할 수 있으리라 생각한다. 그래서 다시 당신을 찾아와 어음을 내놓고, 당신은 기계적으로 사인한다. 친구가 책임감 있고 신뢰할 수 있다며 아무 일 아니라고 넘어간다.

하지만 안타깝게도 그의 투기는 생각만큼 빨리 끝나지 않았고, 만기가 돌아오는 마지막 어음을 막으려면 만 달러짜리 어음을 더 발행해야 한다. 두 번째 어음 만기일이 도래하기 전에 투기 종목이 파산하면 모든 돈을 잃고 만다.

그렇다면 친구는 투기해서 큰돈을 잃었다고 당신에게 솔직하게 말할까?

절대 그럴 리 없다. 그는 자신이 투기했다는 사실조차 언급하지 않을 것이다. 그는 이미 투기 열풍에 흥분한 상태다. 다른 사람들이 이런 식으로 큰돈을 버는 것을 보았기 때문에 자신도 그들처럼 '돈을 잃은 곳에서 돈을 찾을 수 있다'라고 생각한다. 애석하게도 그는 성공담에는 귀를 열어도 실패담에는 귀를 닫아버린다.

그렇게 그는 계속해서 투기에 빠져들고, 손실이 발생할 때마다 당신에게 원하는 금액만큼의 사인을 받을 것이다.

마침내 당신은 자신의 전 재산뿐만 아니라 당신의 재산까지 모두 잃었다는 사실을 알게 될 것이다. 그 소식에 놀라고 슬퍼하며 울부짖을 것이다.

"어떻게 그토록 믿은 친구가 나를 망쳐놓다니……."

하지만 그 말에 한마디를 덧붙여야 한다.

"내가 그를 망쳐놓았구나."

당신이 미리 충분한 안전장치를 취했다면 그는 선을 넘지 않았을 것이고 투기의 유혹에 빠지지도 않았을 것이다.

큰돈을 쉽게 벌 수 있다는 유혹은 너무나 달콤하지만 매우 위험하며, 그 유혹에 빠지는 순간 위험은 이미 눈앞에 와 있다. 그래서 솔로몬은 이렇게 말했다.

"보증이 되는 자는 손해를 당해도 보증이 되기를 싫어하는 자는 평안하다."

돈을 벌고 싶다면 돈의 가치를 제대로 이해해야 한다. 새로운 일을 시작하도록 약간의 도움을 줄 수 있지만, 일을 너무 크게 벌이면 오히려 도움을 준 사람마저 벼랑 끝에 이른다. 돈의 가치를 알고 싶다면 일해서 돈을 벌어라. 그리고 돈의 가치를 알려주고 싶다면 그에게 돈을 빌려주지 말고 그가 땀 흘려 일할 수 있도록 도와라. 열심히 일해서 번 몇 푼이 얼마 소중한지 잊지 말고 남들에게도 알려주어라.

"돈을 빌려주면 종종 돈은 물론이고 친구까지 잃게 된다."

윌리엄 셰익스피어

알리지 않고 어떻게
팔겠는가

***

우리는 모두 많든 적든 사람들을 상대하고 있다. 변호사, 의사, 구두수선공, 예술가, 대장장이, 배우, 오페라 가수, 철도청장, 대학교수와 거래한다. 다양한 부류의 사람들과 상대하려면 자신이 그들에게 호응할 만한 가치가 있고 만족을 줄 수 있는 사람인지 심사숙고해야 한다.

그들이 당신을 만족하거나, 당신이 그들에게 지원받을 만한 대상이라는 점을 각인시켰다면 그 사실을 널리 알려야 한다. 어떤 형태로든 자신을 광고해야 하지만, 그렇다고 무턱대고 다가가서는 안 된다. 제품을 만들어 팔아야 한다면 특히 그렇다. 아무리 좋은 상품을 팔아도 아무도 그 상품을 모른다면 무슨 소용이겠는가.

모든 사람이 정보 매체에서 다양하고 새로운 소식을 접하고, 하루에도 수많은 정보가 오가는 지금, 정보 매체를 활용해 알리지 않는다면 누가 그 제품을 알아보겠는가. 당신이 아는 정보 매체라면 당신의 가족과 이웃들에게도 친숙할 것이다. 일상적인 일을 하는 동안에도 수백, 수천 명이 그 정보 매체에 익숙하다.

당신이 잠자는 동안에도 많은 이들이 당신의 광고를 들여다볼 것이다. '심은 뒤에야 거둔다'라는 것은 우리 인생의 가장 확실한 진리다. 농부가 감자나 옥수수 등의 씨를 뿌리고 돌본 다음 무르익으면 거둬들인다. 이 원칙은 모든 일에 적용되며, 이때 광고보다 더 좋은 것이 없다. 괜찮은 제품을 만들었다면 모두에게 '뿌리는' 것이 가장 유리하게 거두는 방법이다.

대중은 당신이 생각하는 것보다 훨씬 더 현명하다. 따라서 거짓된 상품으로는 결코 성공할 수 없다. 정말 훌륭한 제품, 고객이 만족할 제품을 만들고 광고해야 한다. 사람들은 이기적이다. 누구나 돈을 가장 많이 벌 수 있는 곳에서 소비하고, 확실하게 돈을 벌 수 있는 곳을 찾으려 애쓴다.

가짜 상품을 광고하거나 많은 사람을 현혹할 수 있지만 돌아오는 것은 사기꾼이라는 비난뿐이다. 그렇게 사업은 점차 무너지고 빈털터리 신세가 된다. 우연히 구매하는 고객에게만 매달리지 마라. 다음에 다시 찾아와 그 상품을 사도록 해야 한다.

누군가 내게 말했다.

"광고를 해봤는데 기대만큼 효과를 보지 못했습니다. 제가 만든 제품이 좋은데도 불구하고요."

"어느 규칙이나 예외는 있게 마련입니다. 어떤 식으로 광고했나요?"

"한 달 동안 주간지에 세 번 광고했습니다."

"광고는 어설프게 하면 하지 않느니만 못합니다."

프랑스의 한 작가는 이렇게 말했다.

"만약 당신이 신문에서 호감 가는 상품 광고를 보았다면, 평범한 광고는 눈길조차 주지 않고, 보긴 하지만 세부적인 내용은 읽지 않고, 세 번째에야 비로소 읽고, 이어 가격이 얼마인지 궁금해하고, 자신이 본 광고 내용을 아내에게 말하고, 그래도 사야겠다는 마음이 들어야 지갑을 연다."

광고하는 이유는 당신이 팔 물건을 대중에게 알리고 사게 끔 하는 것이다. 대중이 그 상품을 사러 오기 전까지 광고를 계속할 용기가 없다면 그때까지 투자한 돈은 모두 사라지는 것과 다름없다.

이와 관련해 재미있는 이야기가 있다. 한 남자가 신사에게 다가가 말했다.

"저한테 10센트를 주신다면, 저는 1달러를 아낄 수 있습니다."

"그 적은 금액으로 어떻게 그렇게 큰 도움을 줄 수 있단 말이오?"

신사가 놀란 표정으로 물었다.

"저는 오늘 아침에 술에 완전히 취하겠다는 각오로 일어났지요. 있는 돈을 탈탈 털어보니 1달러뿐이더군요. 그 돈으로 술을 사서 마셨지요. 그런데 취하지 않는 거예요. 위스키를 마실 10센트만 더 있었다면 충분히 취했을 텐데요. 그러니까 10센트만 있다면 1달러를 제대로 쓴 셈이죠."

말도 안 된다고 생각하는가? 하지만 그는 10센트를 받기 위해 자신이 누구이고, 왜 그 돈이 필요한지, 그리고 푼돈이지만 그 돈으로 무엇을 할 수 있고 어떤 가치가 있는지 알려주었다. 그렇게 그는 10센트를 받았고, 신사에게 10센트는 있으나 없으나 별문제가 되지 않았다.

눈에 띄는 광고를 만드는 재주가 남다른 사람도 있다. 대중의 관심을 한눈에 사로잡는 그는 독특한 간판이나 창문에 눈에 띄는 독특한 디스플레이로 광고한다.

얼마 전에 한 상점의 보도 위로 간판 하나가 앞뒤로 흔들리고 있는 것을 보았다. 간판에는 이런 글귀가 적혀 있었다.

"뒷면은 읽지 마세요!"

물론 나도 서둘러 뒷면을 읽었고 그 앞을 지나가는 사람들 모두 나와 같았다. 알고 보니 그 광고 문구를 만든 그는 대중의 호기심을 끌어들인 뒤 철저한 고객 관리로 남다른 부를 누리고 있었다.

모자 제조업자인 제닌은 경매에서 나온 소프라노 제니 린드의 첫 공연 티켓을 225달러를 주고 샀다. 아마 그는 이 티켓이 좋은 광고가 되리라 생각한 모양이다.

"이 큰돈을 낸 낙찰자가 누구죠?"

경매사가 티켓을 내려놓으며 물었다.

"모자 상인 제닌입니다."

그때 경매장에는 뉴욕은 물론 먼 도시에서 찾아온 수천 명으로 가득 차 있다. 그들은 모두가 상류층이었다.

"모자 상인 제닌이 누구요?"

그들이 모두 의아해했고, 그전까지 그들은 제닌이 누구인지 전혀 몰랐다.

다음 날 아침이 되자 이 경매 소식은 신문과 전파를 타고 미국 북동부의 메인주에서 남부 텍사스주까지 전해졌다. 천만 명이 도합 2만 달러에 팔린 제니 린드 첫 공연 티켓이 총 2만 달러에 팔렸으며 그중 한 장은 거금 225달러에 팔렸는데, 그 주인공은 '모자 상인 제닌'이라는 기사를 읽었다. 그 기사를 읽은 사람들마다 무의식적으로 자신이 쓴 모자가 '제닌' 모자가 아닌지 확인해보았다.

아이오와주의 어느 마을, 우체국 주변에 사람들이 잔뜩 모여들었다. 그들 안에는 '제닌' 모자를 쓴 한 사람이 있었다. 그는 너무 낡아 2센트의 가치도 되지 않는 모자를 자랑스럽게 들어 보였다.

그러자 한 남자가 외쳤다.

"진짜 제닌 모자를 가지고 계시군요! 정말 운이 좋으신 분이네요!"

또 다른 남자는 이렇게 말했다.

"그 모자를 잘 간직하세요. 어쩌면 집안의 귀중한 가보가 될지도 모르니까요."

이 행운의 소유자가 부러운 듯 군중 속에 있던 또 다른 남자가 말했다.

"우리 모두에게 그것을 소유할 기회를 주세요. 모자를 경매에 부치세요!"

그는 곧바로 그렇게 했고 그 물건은 9달러 50센트의 기념품으로 팔렸다!

제닌에게는 어떤 결과가 있었을까? 그로부터 6년간 판매량은 매년 1만 개씩이나 늘어났다. 구매자 열 명 중 아홉 명은 호기심에 샀고, 그중에서 상당수는 상품이 가격에 상응하는 가치가 있다는 것을 알게 되어 단골이 되었다.

이 참신한 광고가 사람들의 관심을 끌었고 그가 좋은 제품을 만들었기 때문에 그들이 다시 찾은 것이다.

모든 사람이 제닌처럼 광고해야 한다고 말하는 것은 아니다. 반드시 인쇄된 광고물이어야 할 필요도 없고 제 분수를 넘쳐서도 안 된다. 하지만 판매할 물건이 있다면 어떤 식으로든 광고해야 한다. 의사와 목사, 변호사와 같은 사람들은 다른 방식으로 더 효과적으로 대중에게 다가갈 수 있겠지만, 이런 사람들도 어떤 식으로든 자기를 알려야 한다. 그렇지 않으면 어떻게 그들이 돈을 벌겠는가.

"돈은 비료와 같은 것으로 뿌리지 않으면 쓸모가 없다."

프랜시스 베이컨

친절은 최고의
자본이다

***

친절함과 정중함이야말로 사업에 투자할 수 있는 최고의 자본이다.

고객에게 불친절하다면 넓은 매장, 금박을 입힌 간판, 현란한 광고는 무용지물이 된다. 더 친절하고 더 정중할수록 고객은 지갑을 더 연다. '뿌린 대로 거둔다'라는 말은 사업의 가장 확실한 진리다. 소비자는 최소한의 금액으로 그보다 훨씬 좋은 품질의 상품을 찾고, 그것을 제공할수록 장기적으로 가장 큰 성공을 거두는 것이 보편적이다.

그래서 이 말을 명심하라.

"대접받고 싶은 대로 대접하라."

고객은 항상 최소한의 대가로 최대한 많은 것을 누리려고

한다. 고객을 대할 때 보다 더 좋은 대접을 하라. 고객과 날카로운 흥정을 벌이면 그들을 다시 고객으로 맞을 기회를 잃고 만다. 그들은 돈을 내고 모욕당하는 것을 원하지 않는다.

한 번은 내가 운영하는 박물관의 안내원 중 한 명이 박물관에 있는 한 사람을 가리키며 몹시 흥분한 목소리로 말했다.

"저 사람이 밖으로 나오면 당장이라도 때려주고 싶어요."

무슨 일인가 싶었다.

"강의실 안에 저 사람 보이죠?"

자세하게 알려달라고 물었더니 안내원은 이렇게 말했다.

"저 사람이 저더러 '이런 일이나 하는 주제에' 라고 했단 말이에요."

그 말을 듣고 나는 안내원의 흥분을 가라앉힌 뒤에 말했다.

"신경쓰지 말게. 그는 돈을 낸 손님이고, 그를 때린다고 해서 그가 마음을 바꿀 일도 없으니까. 난 고객을 잃고 싶지 않네. 자네가 그에게 폭력을 행사한다면 그는 다시는 이 박물관을 찾지 않을 테고, 주변 사람들에게 이곳에 대한 비난을 퍼붓겠지. 그러면 우리 손실이 심각할 테니까."

"하지만 그는 저를 모욕했는걸요."

안내원이 투덜거렸다.

"맞아. 그가 박물관의 주인이고, 자네가 박물관을 관람하는 대가로 돈을 냈는데도 그가 자네를 모욕했다면 충분히 화날 만하지. 하지만 돈을 낸 사람은 그쪽이고 우리는 돈을 받았으니, 그가 무례하게 굴어도 참아야 하네."

내 말에 안내원은 웃으면서 그것이 올바른 경영 전략이라고 말했다. 그러더니 내게 이렇게 말했다.

"더 큰 이익을 안겨드리기 위해 모든 비난과 모욕을 감수하겠습니다. 그러니 제 임금을 올려주시는 건 반대하지 않으실 테죠?"

"형제의 배가 항구에 도착하도록 도와주라.

그리고 살펴보라.

그러면 당신의 배도 무사히 항구에 도착해 있다는 사실을 알게 될 것이다."

힌두교 속담

베풀고 베풀어라

***

자선을 베푸는 것은 의무이자 큰 즐거움이다. 같은 품질의 제품을 제공하더라도 인심이 후하면 사람들이 몰려들고, 치사하고 깐깐하다는 말이 퍼지면 찾아오는 이들이 점점 더 줄어든다. 솔로몬의 잠언 중에 이런 말이 있다.

"퍼주는 사람은 더욱 부유해지지만, 욕심이 많은 자는 빈곤으로 이끌린다."

진정한 자선은 마음에서 우러나와야 한다.

"자선을 행하지 않는 사람은 아무리 굉장한 부자일지라도
맛있는 요리가 즐비한 식탁에 소금이 없는 것과 마찬가지다."

《탈무드》

말의 무게

***

    사업상의 기밀은 대화뿐만 아니라 편지에도 적용된다. 세계적인 문호 괴테의 희곡 《파우스트》에 나오는 악마 메피스토펠레스는 이렇게 말한다.

    "편지를 쓰지도 파기하지도 마라."

    사업가는 많은 이들과 이야기를 나누어야 하고 편지를 보내야 할 때가 많다. 그때 그 말과 글에 어떤 내용을 담을지 신중해야 한다. 특히 사업이 잘되지 않을 때는 더욱 조심하라. 만약 그것을 입 밖으로 내는 순간 신용을 잃게 된다.

"비밀은 말하지도 듣지도 말라."

발타사르 그라시안

정직은 가장 확실한
보증서다

***

정직함은 다이아몬드나 루비보다 더 귀한 덕목이다. 비참하게 늙은 구두쇠가 아들에게 말했다.

"돈을 벌어라. 물론 할 수 있다면 정직하게 버는 것이 좋다. 그러나 돈을 벌어라."

구두쇠의 충고는 끔찍하게 악랄하며 어리석음의 극치를 보여준다.

이 말은 정직하게 돈을 벌기 어렵다면 정직하지 않게 벌어도 된다고 말하는 것과 마찬가지다. 불쌍한 사람! 인생에서 가장 어려운 일이 정직하지 않게 돈을 버는 것이라는 사실을 몰랐다니!

감옥은 이 구두쇠의 충고를 따르려는 사람들로 가득 차 있다. 어떤 사람도 정직하지 못함 뒤에 숨을 수 없으며 머지않아 그 죄가 만천하에 드러날 것이다. 정직하지 못한 행동은 모든 성공의 길을 영원히 닫아버린다는 사실을 잊지 마라. 정직함은 의심스러운 사람을 피하게 해준다.

아무리 예의 바르고 유쾌하고 친절할지언정 그의 '눈속임'을 의심한다면 그 뒤로는 그와 거래하지 않을 것이다. 엄격한 정직함은 재정적인 면뿐만 아니라 모든 면에서 성공의 기초다. 확고한 정직함은 값비싸다. 정직함은 그 소유자에게 돈이나 집, 토지로는 구할 수 없는 기쁨과 평화로움을 준다. 또한 훌륭한 도덕성으로 평가받는 사람은 어떤 힘겨운 상황에서도 모두로부터 응원과 지원을 받는다. 정직한 사람일수록 주변 사람들이 신뢰하고, 그가 빌린 것을 약속한 날에 주겠다고 말하면 사람들은 그가 절대로 실망시키지 않을 것을 알기에 이자도 붙이지 않고 주고 싶어 한다.

이기적인 이유로라도 정직은 가장 현명한 선택이다. 프랭클린 박사의 다음 격언은 언제나 옳다.

"정직함이야말로 최상의 방책이다."

부자가 되는 것은 성공과 항상 일치하지는 않는다. '부자가 되어 성공을 이룬 가난한 사람'도 많이 있다. 그러나 어떤 부자가 낭비하는 돈의 액수조차 가져본 적 없지만 성실하고 경건한 사람들도 있다. 그들은 자존감이 높기 때문에 그 어떤 사람보다 더 부유하고 행복함을 느낀다.

돈에 대한 지나친 사랑은 의심할 여지없이 모두 '악의 뿌리'일 수 있다. 그러나 돈 자체는 적절히 사용하기만 한다면 '집 안의 편리한 물건'이 될 수도 있고 돈을 어떻게 활용하느냐에 따라 행복과 영향력의 범위를 넓힐 수 있다. 동시에 인류를 축복하는 기쁨을 선사하기도 한다.

부에 대한 욕망은 보편적인 것이다. 부를 소유한 사람이 자신의 책임을 받아들이고 자기가 가진 부를 인류의 벗을 위해 사용한다면 모든 사람이 그를 칭송할 것이다.

돈을 벌어들이는 일은 곧 문명의 역사라고 해도 과언이 아니다. 무역이 가장 번성했던 곳에는 예술과 과학이 가장 고귀한 꽃을 피웠다. 사실 돈을 버는 사람은 인류의 후원자라고 할 수 있다. 부자들이 학문과 예술의 산실인 아카데미, 대학, 연구소, 종교단체 등에 큰돈을 기부했고, 그 덕분에 우리는 더 많은 것을 배우고 인류에게 희망이 있음을 깨닫는다. 우리는 그들에게 큰 빚을 지고 있다.

물론 번 돈을 쌓아놓기만 하고 손에 움켜쥔 채 단 한 줌이라도 내놓지 않으려는 이들도 있다. 종교계에도 위선자가 있고 정치계에도 사기꾼이 있듯, 돈을 버는 사람들 사이에도 가끔 악덕 사업가가 섞여 있다. 그러나 이것은 일반적인 법칙의 예외일 뿐이다. 비열한 사람은 결코 오래 부를 누리지 못하고, 돈 많은 사람에게 아첨하느라 하루해가 저무는 줄 모를 것이다. 자연의 순리에 따라 쌓인 티끌들이 인류의 이익을 위해 언젠가 흩어질 때가 올 것을 기꺼이 받아들이는 마음으로 일을 시작하라.

그렇게 진정한 돈의 주인이 되어라.

"정직만큼 부유한 유산은 없다."

월리엄 셰익스피어

인격적으로 점잖은 무게 '드레'

드레북스는 가치를 존중하고 책의 품격을 생각합니다